세계의 명언 따라

예쁘고 바른 **글씨 쓰기**

초판 1쇄 발행 | 2017년 08월 22일
초판 4쇄 발행 | 2023년 12월 19일
편저자 | NH 기획
발행처 | 도서출판 새희망
발행인 | 이석형
등록번호 | 제2016-000004호
주소 | 경기도 의정부시 오목로 150
전화 | 02-923-6718   팩스 | 02-923-6719
ISBN | 979-11-88069-02-6 63710

■ 정가는 뒤표지에 있습니다.

세계의 명언 따라

예쁘고 바른

글씨 쓰기

NH 기획 편저

새희망

머리말

    인터넷과 스마트폰의 사용으로 글씨를 직접 쓰는 일이 점점 적어지고 있습니다. 그래서 어떤 사람들은 글씨를 예쁘고 바르게 쓰는 것이 필요 없는 시대가 올 것이라고 말하기도 합니다. 그러나 자동차가 있다고 우리가 걷지 않고 살 수 없듯이 컴퓨터가 있다고 글씨를 쓰지 않고 살 수 없습니다. 오히려 자동차의 시대에 올바른 걸음걸이가 더욱 강조되듯이 컴퓨터의 시대에 예쁘고 바른 글씨의 중요성이 커지고 있습니다.

예쁘고 바른 글씨 쓰기

    예쁘고 바른 글씨를 쓰기 위해서는 반드시 바른 자세로 써야 합니다. 바른 자세는 몸이 곧게 자라는 데 도움이 됩니다. 또한 예쁘고 바른 글씨를 쓰기 위해서는 반드시 정성을 들여야 합니다. 정성이 들인 글씨 쓰기는 집중력 향상에 큰 도움이 됩니다.

명언을 따라 예쁘고 바른 글씨 쓰기

    이 책은 명언을 따라서 예쁘고 바른 글씨를 연습할 수 있도록 하였습니다. 명언은 '이치에 맞는 훌륭한 말', 또는 '널리 알려진 좋은 말'이라는 뜻으로 우리에게 용기를 주고 희망을 갖게 합니다. 세계의 명언을 따라 예쁘고 바른 글씨를 쓰다 보면 바른 자세와 더불어 바른 생각까지 가질 수 있습니다.

세계의 명언을 따라 예쁘고 바른 글씨 쓰기를 차근차근 매일 조금씩 연습해 보세요. 얼마 지나지 않아 좋은 생각을 바른 글씨로 쓰고 있는 자기 자신에 놀라게 될 거에요.

목차

00장

"시작하기 전에"

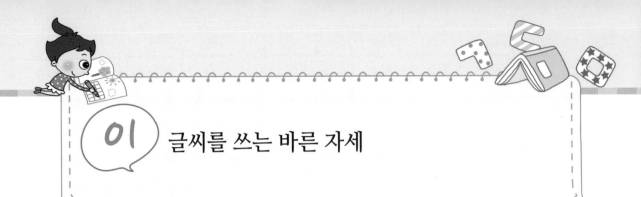

01 글씨를 쓰는 바른 자세

01 의자를 책상 쪽으로 당깁니다.

02 엉덩이를 의자 뒤쪽에 붙입니다.

03 허리를 곧게 폅니다.

04 고개는 약간 숙입니다.

05 공책을 똑바로 놓습니다.

06 글씨를 쓰지 않는 손으로 공책을 살짝 눌러 줍니다.

02 연필을 바르게 잡는 법

01 중지로 연필을 받쳐 주고 엄지와 검지를 모아서 연필을 쥡니다.

02 엄지와 검지는 동그라미 모양이 되도록 합니다.

03 동그라미가 되기 위해서는 엄지와 검지의 끝에만 힘을 살짝 주면 됩니다.

04 연필 심에서 3cm 정도 떨어진 위치를 잡습니다.

05 60도 각도를 유지합니다.

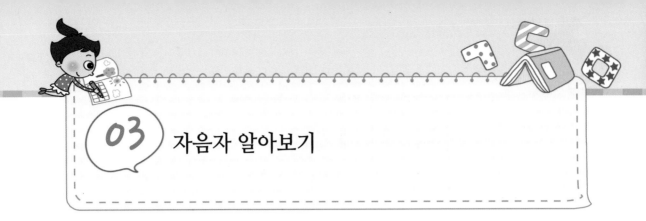

03 자음자 알아보기

 바른 자세로 앉아 글씨를 써 볼까요?

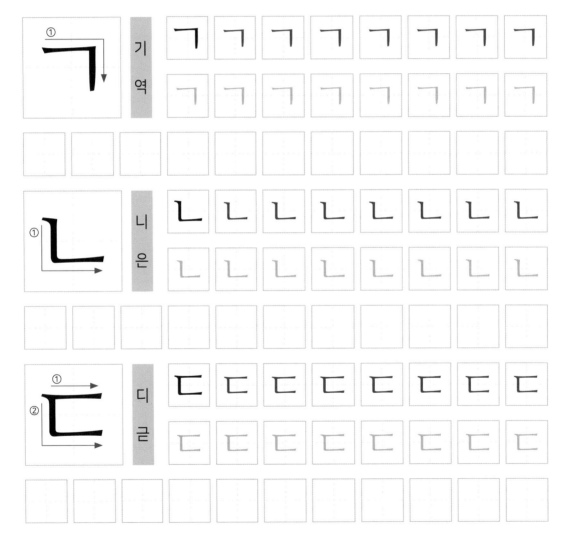

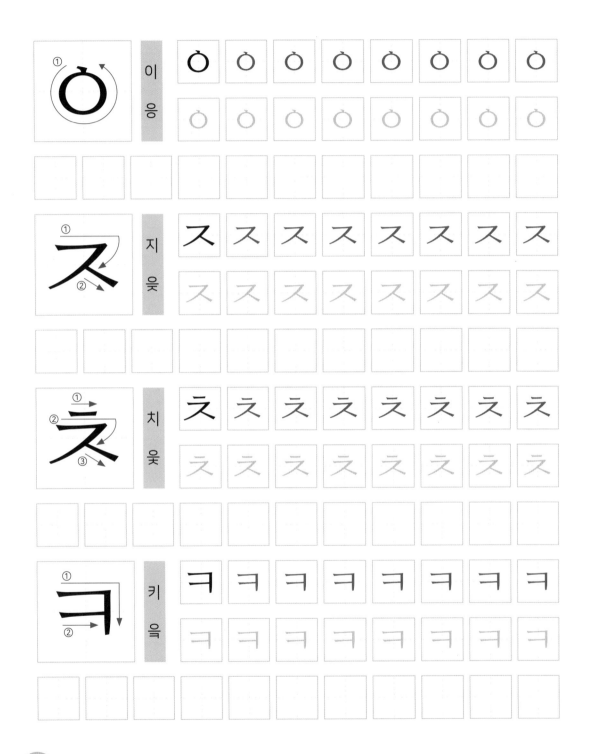

이응

지읒

치읓

키읔

ㅇ ㅇ ㅇ ㅇ ㅇ ㅇ ㅇ ㅇ ㅇ

ㅈ ㅈ ㅈ ㅈ ㅈ ㅈ ㅈ ㅈ

ㅊ ㅊ ㅊ ㅊ ㅊ ㅊ ㅊ ㅊ ㅊ

ㅋ ㅋ ㅋ ㅋ ㅋ ㅋ ㅋ ㅋ ㅋ

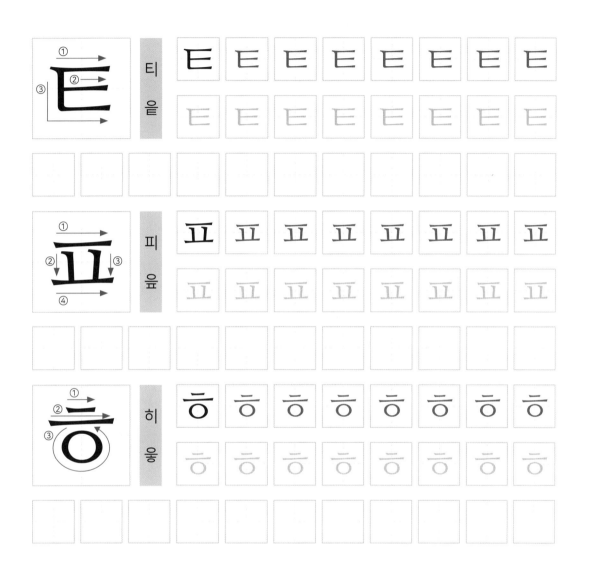

티
읕

ㅌ ㅌ ㅌ ㅌ ㅌ ㅌ ㅌ ㅌ

ㅌ ㅌ ㅌ ㅌ ㅌ ㅌ ㅌ ㅌ

피
읖

ㅍ ㅍ ㅍ ㅍ ㅍ ㅍ ㅍ ㅍ

ㅍ ㅍ ㅍ ㅍ ㅍ ㅍ ㅍ ㅍ

히
읗

ㅎ ㅎ ㅎ ㅎ ㅎ ㅎ ㅎ ㅎ

ㅎ ㅎ ㅎ ㅎ ㅎ ㅎ ㅎ ㅎ

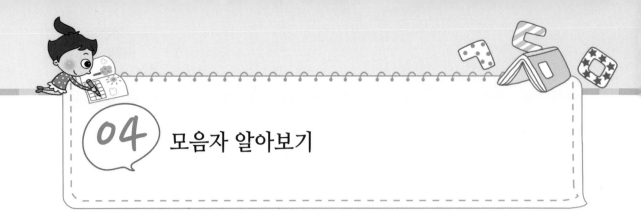

04 모음자 알아보기

 바른 자세로 앉아 글씨를 써 볼까요?

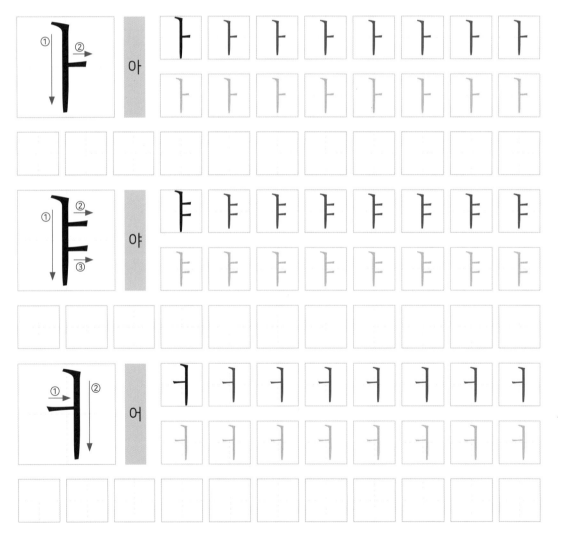

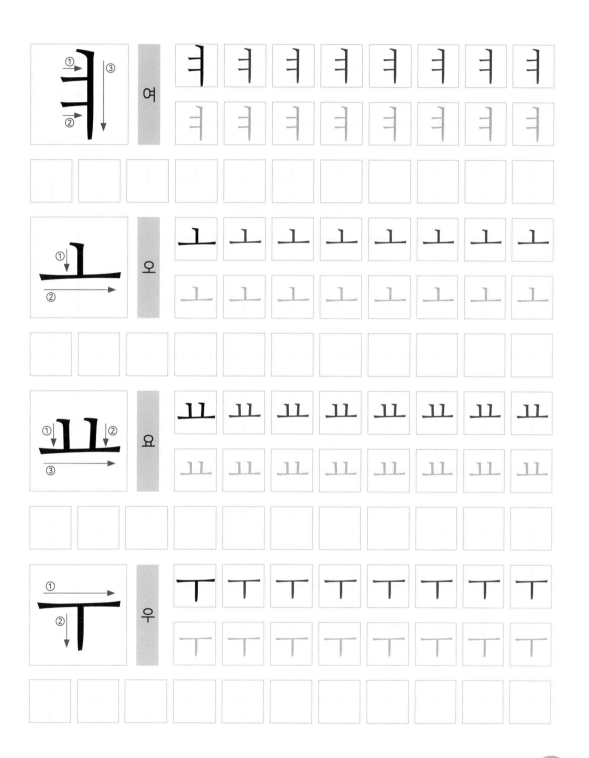

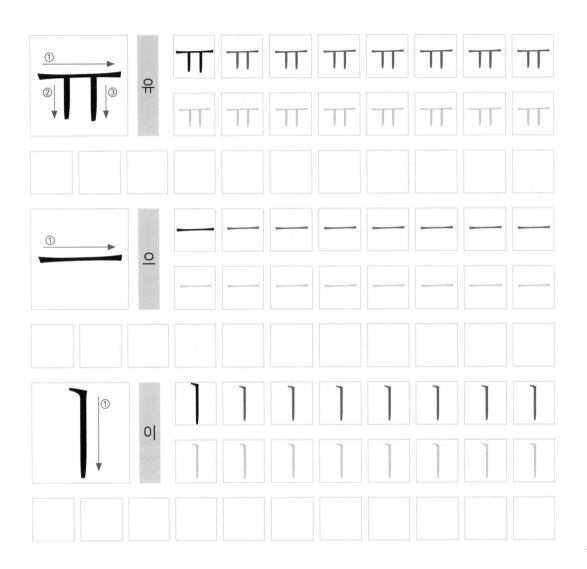

05 한글을 쓰는 순서

 자음을 먼저 쓴 후 모음을 쓰고 그 다음 받침을 씁니다.

학 = ㅎ ▶ 하 ▶ 학

 왼쪽을 먼저 쓴 후 오른쪽을 씁니다.

까 = ㄱ ▶ ㄲ ▶ 까

흙 = ㅎ ▶ 흐 ▶ 흘 ▶ 흙

애 = ㅇ ▶ 아 ▶ 애

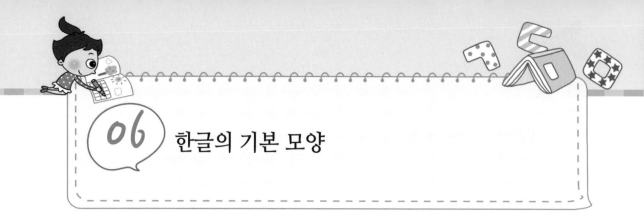

06 한글의 기본 모양

 한글의 기본 모양은 아래와 같이 ◁, △, ◇ 등이 있습니다.

1. ◁ 형태

2. △ 형태

3. ◇ 형태

우체통

이장

"배움"

	아	무	것	도		모	르	는		것	이		수	치
	아	무	것	도		모	르	는		것	이		수	치
	아	무	것	도		모	르	는		것	이		수	치
	아	무	것	도		모	르	는		것	이		수	치

가		아	니	라		아	무	것	도		배	우	려	
가		아	니	라		아	무	것	도		배	우	려	
가		아	니	라		아	무	것	도		배	우	려	
가		아	니	라		아	무	것	도		배	우	려	

하	지		않	는		것	이		수	치	다	.		
하	지		않	는		것	이		수	치	다	.		
하	지		않	는		것	이		수	치	다	.		
하	지		않	는		것	이		수	치	다	.		

 배우기만 하고 생각하지 않으면 얻는 것이 없고 생각만 하고 배우지 않으면 위태롭다.
- 공자 -

배우기만 하고 생각하지 않

으면 얻는 것이 없고 생각만 ∨

하고 배우지 않으면 위태롭다.

 살아 있는 한 부지런히 배우라. 세월이 지혜를 가져다주기를 기다리지 말라.
- 솔론 -

| | 살 | 아 | | 있 | 는 | | 한 | | 부 | 지 | 런 | 히 | | 배 |

우라. 세월이 지혜를 가져다주

기를 기다리지 말라.

익숙하지 않은 것에 대해서 ∨

호의를 가지면 그것은 내 것

이 된다.

아는 것을 안다고 하고, 모

아는 것을 안다고 하고, 모

아는 것을 안다고 하고, 모

아는 것을 안다고 하고, 모

르는 것을 모른다고 하는 것

르는 것을 모른다고 하는 것

르는 것을 모른다고 하는 것

르는 것을 모른다고 하는 것

이 참으로 아는 것이다.

이 참으로 아는 것이다.

이 참으로 아는 것이다.

이 참으로 아는 것이다.

 단 하루라도 책을 읽지 않으면 입 안에 가시가 돋는다.
- 안중근 -

	단		하	루	라	도		책	을		읽	지		않
	단		하	루	라	도		책	을		읽	지		않
	단		하	루	라	도		책	을		읽	지		않
	단		하	루	라	도		책	을		읽	지		않

으	면		입		안	에		가	시	가		돋	는	다.
으	면		입		안	에		가	시	가		돋	는	다.
으	면		입		안	에		가	시	가		돋	는	다.
으	면		입		안	에		가	시	가		돋	는	다.

 역사는 인간을 현명하게, 시는 인간을 재치 있게, 수학은 인간을 치밀하게 만든다.
- 프랜시스 베이컨 -

역사는　인간을　현명하게, 시

는　인간을　재치　있게, 수학은∨

인간을　치밀하게　만든다.

 배움은 물을 거슬러 오르는 배와 같아서 나아가지 않으면 뒤로 밀리게 된다.
- 좌종당 -

| | 배 | 움 | 은 | | 물 | 을 | | 거 | 슬 | 러 | | 오 | 르 | 는 | ∨ |

배움은 물을 거슬러 오르는 ∨
배움은 물을 거슬러 오르는 ∨
배움은 물을 거슬러 오르는 ∨

| 배 | 와 | | 같 | 아 | 서 | | 나 | 아 | 가 | 지 | | 않 | 으 | 면 | ∨ |

배와 같아서 나아가지 않으면 ∨
배와 같아서 나아가지 않으면 ∨
배와 같아서 나아가지 않으면 ∨

| 뒤 | 로 | | 밀 | 리 | 게 | | 된 | 다 | . |

뒤로 밀리게 된다.
뒤로 밀리게 된다.
뒤로 밀리게 된다.

군대의　침략은　막을　수　있

지만,　때를　만난　사상은　물리

칠　수　없다.

 좋은 책을 읽는 것은 과거의 가장 뛰어난 사람들과 대화를 나누는 것과 같다.
- 데카르트 -

	좋	은		책	을		읽	는		것	은		과	거
	좋	은		책	을		읽	는		것	은		과	거
	좋	은		책	을		읽	는		것	은		과	거
	좋	은		책	을		읽	는		것	은		과	거

의		가	장		뛰	어	난		사	람	들	과		대
의		가	장		뛰	어	난		사	람	들	과		대
의		가	장		뛰	어	난		사	람	들	과		대
의		가	장		뛰	어	난		사	람	들	과		대

화	를		나	누	는		것	과		같	다	.		
화	를		나	누	는		것	과		같	다	.		
화	를		나	누	는		것	과		같	다	.		
화	를		나	누	는		것	과		같	다	.		

 배우려고 하는 학생은 부끄러워해서는 안 된다.
- 히레르 -

배	우	려	고		하	는		학	생	은		부	끄
배	우	려	고		하	는		학	생	은		부	끄
배	우	려	고		하	는		학	생	은		부	끄
배	우	려	고		하	는		학	생	은		부	끄

러	워	해	서	는		안		된	다	.			
러	워	해	서	는		안		된	다	.			
러	워	해	서	는		안		된	다	.			
러	워	해	서	는		안		된	다	.			

02장

"희망과 용기"

사막이 아름다운 것은 어딘

가에 샘이 숨겨져 있기 때문

이다.

두려움의 홍수를 버티기 위해서는 끊임없이 용기의 둑을 쌓아야 한다.
- 마틴 루터 킹 -

	두	려	움	의		홍	수	를		버	티	기		위
	두	려	움	의		홍	수	를		버	티	기		위
	두	려	움	의		홍	수	를		버	티	기		위
	두	려	움	의		홍	수	를		버	티	기		위

해	서	는		끊	임	없	이		용	기	의		둑	을	∨
해	서	는		끊	임	없	이		용	기	의		둑	을	∨
해	서	는		끊	임	없	이		용	기	의		둑	을	∨
해	서	는		끊	임	없	이		용	기	의		둑	을	∨

쌓	아	야		한	다	.
쌓	아	야		한	다	.
쌓	아	야		한	다	.
쌓	아	야		한	다	.

 웃어라, 온 세상이 너와 함께 웃을 것이다. 울어라, 너 혼자 울 것이다.
- 엘라 휠러 윌콕스 -

	웃	어	라	,	온		세	상	이		너	와		함
	웃	어	라	,	온		세	상	이		너	와		함
	웃	어	라	,	온		세	상	이		너	와		함
	웃	어	라	,	온		세	상	이		너	와		함

께		웃	을		것	이	다	.	울	어	라	,	너	
께		웃	을		것	이	다	.	울	어	라	,	너	
께		웃	을		것	이	다	.	울	어	라	,	너	
께		웃	을		것	이	다	.	울	어	라	,	너	

혼	자		울		것	이	다	.						
혼	자		울		것	이	다	.						
혼	자		울		것	이	다	.						
혼	자		울		것	이	다	.						

 용기란 두려워하는 일을 하는 것이다. 두렵지 않으면 용기도 있을 수 없다.
- 에디 리켄바커 -

용기란 두려워하는 일을 하
용기란 두려워하는 일을 하
용기란 두려워하는 일을 하
용기란 두려워하는 일을 하

는 것이다. 두렵지 않으면 용
는 것이다. 두렵지 않으면 용
는 것이다. 두렵지 않으면 용
는 것이다. 두렵지 않으면 용

기도 있을 수 없다.
기도 있을 수 없다.
기도 있을 수 없다.
기도 있을 수 없다.

 두려움에 맞서는 것, 그것은 용기다. 아무것도 두려워하지 않는 것, 그것은 어리석음이다. - 토드 벨메르 -

두려움에 맞서는 것, 그것은 ∨

두려움에 맞서는 것, 그것은 ∨

두려움에 맞서는 것, 그것은 ∨

두려움에 맞서는 것, 그것은 ∨

용기다. 아무것도 두려워하지

용기다. 아무것도 두려워하지

용기다. 아무것도 두려워하지

용기다. 아무것도 두려워하지

않는 것, 그것은 어리석음이다.

않는 것, 그것은 어리석음이다.

않는 것, 그것은 어리석음이다.

않는 것, 그것은 어리석음이다.

내 비장의 무기는 아직 손안에 있다 .그것은 희망이다.
- 나폴레옹 -

내 비장의 무기는 아직 손

안에 있다. 그것은 희망이다.

행복의 문이 하나 닫히면

다른 문이 열린다. 그러나 우

리는 종종 닫힌 문을 멍하니∨

바	라	보	다	가		우	리	를		향	해		열	린	∨
바	라	보	다	가		우	리	를		향	해		열	린	∨
바	라	보	다	가		우	리	를		향	해		열	린	∨
바	라	보	다	가		우	리	를		향	해		열	린	∨

문	을		보	지		못	하	게		된	다	.
문	을		보	지		못	하	게		된	다	.
문	을		보	지		못	하	게		된	다	.
문	을		보	지		못	하	게		된	다	.

 얼굴이 계속 햇빛을 향하도록 하라. 그러면 당신의 그림자를 볼 수 없다.
-헬렌 켈러-

얼	굴	이		계	속		햇	빛	을		향	하	도
얼	굴	이		계	속		햇	빛	을		향	하	도
얼	굴	이		계	속		햇	빛	을		향	하	도
얼	굴	이		계	속		햇	빛	을		향	하	도

록		하	라	.	그	러	면		당	신	의		그	림
록		하	라	.	그	러	면		당	신	의		그	림
록		하	라	.	그	러	면		당	신	의		그	림
록		하	라	.	그	러	면		당	신	의		그	림

자	를		볼		수		없	다	.				
자	를		볼		수		없	다	.				
자	를		볼		수		없	다	.				
자	를		볼		수		없	다	.				

너무 멀리 나아가는 위험을∨

너무 멀리 나아가는 위험을∨

너무 멀리 나아가는 위험을∨

너무 멀리 나아가는 위험을∨

무릅쓰는 사람만이 얼마나 멀

무릅쓰는 사람만이 얼마나 멀

무릅쓰는 사람만이 얼마나 멀

무릅쓰는 사람만이 얼마나 멀

리 나아갈 수 있는지 안다.

리 나아갈 수 있는지 안다.

리 나아갈 수 있는지 안다.

리 나아갈 수 있는지 안다.

 길을 잃는다는 것은 곧 길을 알게 된다는 것이다.
- 동아프리카 속담 -

	길	을		잃	는	다	는		것	은		곧		길
	길	을		잃	는	다	는		것	은		곧		길
	길	을		잃	는	다	는		것	은		곧		길
	길	을		잃	는	다	는		것	은		곧		길

을		알	게		된	다	는		것	이	다	.		
을		알	게		된	다	는		것	이	다	.		
을		알	게		된	다	는		것	이	다	.		
을		알	게		된	다	는		것	이	다	.		

03장

"우정"

	친	구		하	나	를		얻	는		데	는		오
	친	구		하	나	를		얻	는		데	는		오
	친	구		하	나	를		얻	는		데	는		오
	친	구		하	나	를		얻	는		데	는		오

래		걸	리	지	만		잃	는		데	는		잠	시
래		걸	리	지	만		잃	는		데	는		잠	시
래		걸	리	지	만		잃	는		데	는		잠	시
래		걸	리	지	만		잃	는		데	는		잠	시

이	다	.
이	다	.
이	다	.
이	다	.

 친구를 칭찬할 때는 널리 알리도록 하고, 친구를 책망할 때는 남이 모르게 하라.
- 독일속담 -

친구를 칭찬할 때는 널리

알리도록 하고, 친구를 책망할 ∨

때는 남이 모르게 하라.

내가　끄덕일　때　똑같이　끄

덕이는　친구는　필요　없다. 그

건　내　그림자가　더　잘한다.

 친구를 고를 때는 시간을 들여라. 친구를 바꿀 때는 더욱 시간을 들여라.
– 벤저민 프랭클린 –

친구를 고를 때는 시간을

들여라. 친구를 바꿀 때는 더

욱 시간을 들여라.

 참다운 벗은 좋은 때는 초대해야만 나타나고 어려울 때는 부르지 않아도 나타난다.
- 보나르 -

| | 참 | 다 | 운 | | 벗 | 은 | | 좋 | 은 | | 때 | 는 | | 초 |

| | 대 | 해 | 야 | 만 | | 나 | 타 | 나 | 고 | | 어 | 려 | 울 | | 때 |

| | 는 | | 부 | 르 | 지 | | 않 | 아 | 도 | | 나 | 타 | 난 | 다 | . |

 친구란 무엇인가? 두 개의 몸에 깃든 하나의 영혼이다.
- 아리스토텔레스 -

친구란 무엇인가? 두 개의 ∨

친구란 무엇인가? 두 개의 ∨

친구란 무엇인가? 두 개의 ∨

친구란 무엇인가? 두 개의 ∨

몸에 깃든 하나의 영혼이다.

몸에 깃든 하나의 영혼이다.

몸에 깃든 하나의 영혼이다.

몸에 깃든 하나의 영혼이다.

 땅의 선물은 계절을 기다려야 하지만 우정의 열매는 언제든지 수확할 수 있다.
- 데모크리토스 -

	땅	의		선	물	은		계	절	을		기	다	려
	땅	의		선	물	은		계	절	을		기	다	려
	땅	의		선	물	은		계	절	을		기	다	려
	땅	의		선	물	은		계	절	을		기	다	려

야		하	지	만		우	정	의		열	매	는		언
야		하	지	만		우	정	의		열	매	는		언
야		하	지	만		우	정	의		열	매	는		언
야		하	지	만		우	정	의		열	매	는		언

제	든	지		수	확	할		수		있	다	.		
제	든	지		수	확	할		수		있	다	.		
제	든	지		수	확	할		수		있	다	.		
제	든	지		수	확	할		수		있	다	.		

 새에겐 둥지가 있고, 거미에겐 거미줄이 있듯, 사람에겐 우정이 있다.
- 윌리엄 블레이크 -

새에겐 둥지가 있고, 거미에

새에겐 둥지가 있고, 거미에

새에겐 둥지가 있고, 거미에

새에겐 둥지가 있고, 거미에

겐 거미줄이 있듯, 사람에겐

겐 거미줄이 있듯, 사람에겐

겐 거미줄이 있듯, 사람에겐

겐 거미줄이 있듯, 사람에겐

우정이 있다.

우정이 있다.

우정이 있다.

우정이 있다.

 벗을 믿지 않음은 벗에게 속아 넘어가는 것보다 더 수치스러운 일이다.
- 라로슈푸코 -

벗을 믿지 않음은 벗에게

속아 넘어가는 것보다 더 수

치스러운 일이다.

 우정에 있어서의 법칙은 의심이 앞문으로 들어오면 애정은 뒷문으로 달아난다는 것이다. - 칸보 아모르 -

우정에 있어서 법칙은 의심

이 앞문으로 들어오면 애정은∨

뒷문으로 달아난다는 것이다.

친구를　갖는다는　것은　또

하나의　인생을　갖는　것이다.

04장

"시간"

 내가 헛되이 보낸 오늘은 어제 죽어 간 이들이 그토록 바라던 하루이다.
- 소포클레스 -

내가　헛되이　보낸　오늘은

어제　죽어　간　이들이　그토록Ⅴ

바라던　하루이다.

 인간은 항상 시간이 모자란다고 불평하면서 마치 시간이 무한정 있는 것처럼 행동한다.
- 세네카 -

인간은　항상　시간이　모자란

인간은　항상　시간이　모자란

인간은　항상　시간이　모자란

인간은　항상　시간이　모자란

다고　불평하면서　마치　시간이∨

다고　불평하면서　마치　시간이∨

다고　불평하면서　마치　시간이∨

다고　불평하면서　마치　시간이∨

무한정　있는　것처럼　행동한다.

무한정　있는　것처럼　행동한다.

무한정　있는　것처럼　행동한다.

무한정　있는　것처럼　행동한다.

 시간은 누구에게나 공평하게 주어진 자본금이다. 이 자본을 잘 이용한 사람이 승리한다. - 아뷰난드 -

시간은　누구에게나　공평하게 ∨
시간은　누구에게나　공평하게 ∨
시간은　누구에게나　공평하게 ∨
시간은　누구에게나　공평하게 ∨

주어진　자본금이다. 이　자본을 ∨
주어진　자본금이다. 이　자본을 ∨
주어진　자본금이다. 이　자본을 ∨
주어진　자본금이다. 이　자본을 ∨

잘　이용한　사람이　승리한다.
잘　이용한　사람이　승리한다.
잘　이용한　사람이　승리한다.
잘　이용한　사람이　승리한다.

 사람은 돈을 시간보다 중히 여기지만, 그로 인해 잃어버린 시간은 돈으로 살 수 없다.
- 유태 격언 -

사람은 돈을 시간보다 중히∨
사람은 돈을 시간보다 중히∨
사람은 돈을 시간보다 중히∨
사람은 돈을 시간보다 중히∨

여기지만, 그로 인해 잃어버린∨
여기지만, 그로 인해 잃어버린∨
여기지만, 그로 인해 잃어버린∨
여기지만, 그로 인해 잃어버린∨

시간은 돈으로 살 수 없다.
시간은 돈으로 살 수 없다.
시간은 돈으로 살 수 없다.
시간은 돈으로 살 수 없다.

시간을 최악으로 사용하는

시간을 최악으로 사용하는

시간을 최악으로 사용하는

시간을 최악으로 사용하는

사람들은 시간이 부족하다고

사람들은 시간이 부족하다고

사람들은 시간이 부족하다고

사람들은 시간이 부족하다고

늘 불평하는 데 일인자이다.

늘 불평하는 데 일인자이다.

늘 불평하는 데 일인자이다.

늘 불평하는 데 일인자이다.

 미래를 예측하는 최선의 방법은 미래를 창조하는 것이다.
— 앨런 케이 —

미래를　예측하는　최선의　방

법은　미래를　창조하는　것이다.

미래를　신뢰하지　마라.　죽은∨

미래를　신뢰하지　마라.　죽은∨

미래를　신뢰하지　마라.　죽은∨

미래를　신뢰하지　마라.　죽은∨

과거는　묻어　버려라.　그리고

과거는　묻어　버려라.　그리고

과거는　묻어　버려라.　그리고

과거는　묻어　버려라.　그리고

살아　있는　현재에　행동하라.

살아　있는　현재에　행동하라.

살아　있는　현재에　행동하라.

살아　있는　현재에　행동하라.

 과거에서 교훈을 얻을 수는 있어도 과거 속에서 살 수는 없다.
- 린드 B. 존슨 -

과거에서　교훈을　얻을　수는∨

있어도　과거　속에서　살　수는∨

없다.

시간을　잘　활용하라.　시간이∨

지나면　저절로　해결될　것이라

고　생각해서는　안　된다.

 오늘이라는 날은 두 번 다시 오지 않는다는 것을 잊지 말라.
- 단테 -

오	늘	이	라	는		날	은		두		번		다
오	늘	이	라	는		날	은		두		번		다
오	늘	이	라	는		날	은		두		번		다
오	늘	이	라	는		날	은		두		번		다

시		오	지		않	는	다	는		것	을		잊	지	∨
시		오	지		않	는	다	는		것	을		잊	지	∨
시		오	지		않	는	다	는		것	을		잊	지	∨
시		오	지		않	는	다	는		것	을		잊	지	∨

말	라	.											
말	라	.											
말	라	.											
말	라	.											

승자는 시간을 관리하며 살

고, 패자는 시간에 끌려 산다.

05장
"노력과 성공"

 실패한 일을 후회하는 것보다 해 보지도 않고 후회하는 것이 훨씬 더 바보스럽다.
- 탈무드 -

실패한 일을 후회하는 것보
실패한 일을 후회하는 것보
실패한 일을 후회하는 것보
실패한 일을 후회하는 것보

다 해 보지도 않고 후회하는ˇ
다 해 보지도 않고 후회하는ˇ
다 해 보지도 않고 후회하는ˇ
다 해 보지도 않고 후회하는ˇ

것이 훨씬 더 바보스럽다.
것이 훨씬 더 바보스럽다.
것이 훨씬 더 바보스럽다.
것이 훨씬 더 바보스럽다.

구하라 　그러면 　얻을 　것이요.

찾아라 　그러면 　발견할 　것이요.

두드려라 　그러면 　열릴 　것이다.

 나는 똑똑한 것이 아니라 단지 문제를 더 오래 연구할 뿐이다.
- 아인슈타인 -

나는 똑똑한 것이 아니라

나는 똑똑한 것이 아니라
나는 똑똑한 것이 아니라
나는 똑똑한 것이 아니라

단지 문제를 더 오래 연구할∨

단지 문제를 더 오래 연구할∨
단지 문제를 더 오래 연구할∨
단지 문제를 더 오래 연구할∨

뿐이다.

뿐이다.
뿐이다.
뿐이다.

패배는 최악의 실패가 아니

다. 시도를 하지 않는 것이

진짜 실패이다.

 작은 일에도 목표를 세워라. 반드시 성공할 것이다.
- 슐러 -

작은 일에도 목표를 세워라.

작은 일에도 목표를 세워라.

작은 일에도 목표를 세워라.

작은 일에도 목표를 세워라.

반드시 성공할 것이다.

반드시 성공할 것이다.

반드시 성공할 것이다.

반드시 성공할 것이다.

06장

"삶의 지혜"

 나무는 꽃을 버려야 열매를 맺고 강물은 강을 버려야 바다에 이른다.
- 화엄경 -

나무는　꽃을　버려야　열매를∨

나무는　꽃을　버려야　열매를∨

나무는　꽃을　버려야　열매를∨

나무는　꽃을　버려야　열매를∨

맺고　강물은　강을　버려야　바

맺고　강물은　강을　버려야　바

맺고　강물은　강을　버려야　바

맺고　강물은　강을　버려야　바

다에　이른다.

다에　이른다.

다에　이른다.

다에　이른다.

세 사람이 같이 길을 가면 그중에 반드시 나의 스승이 될 만한 사람이 있다.
- 논어 -

세 사람이 같이 길을 가면∨
세 사람이 같이 길을 가면∨
세 사람이 같이 길을 가면∨
세 사람이 같이 길을 가면∨

그중에 반드시 나의 스승이
그중에 반드시 나의 스승이
그중에 반드시 나의 스승이
그중에 반드시 나의 스승이

될 만한 사람이 있다.
될 만한 사람이 있다.
될 만한 사람이 있다.
될 만한 사람이 있다.

남이 나를 알아주지 않는

남이 나를 알아주지 않는

남이 나를 알아주지 않는

남이 나를 알아주지 않는

것을 걱정하지 말고 내가 남

것을 걱정하지 말고 내가 남

것을 걱정하지 말고 내가 남

것을 걱정하지 말고 내가 남

을 모르는 것을 두려워하라.

을 모르는 것을 두려워하라.

을 모르는 것을 두려워하라.

을 모르는 것을 두려워하라.

 그 누구도 혼자서는 지혜로울 수 없다.
- 필라우투스 -

	그		누	구	도		혼	자	서	는		지	혜	로
	그		누	구	도		혼	자	서	는		지	혜	로
	그		누	구	도		혼	자	서	는		지	혜	로
	그		누	구	도		혼	자	서	는		지	혜	로

울		수		없	다	.
울		수		없	다	.
울		수		없	다	.
울		수		없	다	.

겸손이 없다면 인생의 가장
겸손이 없다면 인생의 가장
겸손이 없다면 인생의 가장
겸손이 없다면 인생의 가장

기본적인 교훈도 배울 수가
기본적인 교훈도 배울 수가
기본적인 교훈도 배울 수가
기본적인 교훈도 배울 수가

없다.
없다.
없다.
없다.

 겸손한 사람에게 오만하지 말고, 오만한 자에게 겸손하지 말라.
- 제퍼슨 데이비스 -

	겸	손	한		사	람	에	게		오	만	하	지	
	겸	손	한		사	람	에	게		오	만	하	지	
	겸	손	한		사	람	에	게		오	만	하	지	
	겸	손	한		사	람	에	게		오	만	하	지	

말	고	,		오	만	한		자	에	게		겸	손	하	지 ∨
말	고	,		오	만	한		자	에	게		겸	손	하	지 ∨
말	고	,		오	만	한		자	에	게		겸	손	하	지 ∨
말	고	,		오	만	한		자	에	게		겸	손	하	지 ∨

말	라	.												
말	라	.												
말	라	.												
말	라	.												

당신의 인생은 당신이 하루∨
당신의 인생은 당신이 하루∨
당신의 인생은 당신이 하루∨
당신의 인생은 당신이 하루∨

종일 무슨 생각을 하는지에
종일 무슨 생각을 하는지에
종일 무슨 생각을 하는지에
종일 무슨 생각을 하는지에

달려 있다.
달려 있다.
달려 있다.
달려 있다.

 매일 반성하라. 만약 잘못이 있으면 고치고, 없으면 더 반성해 보라.
- 주희 -

	매	일		반	성	하	라	.	만	약		잘	못	이	∨
	매	일		반	성	하	라	.	만	약		잘	못	이	∨
	매	일		반	성	하	라	.	만	약		잘	못	이	∨
	매	일		반	성	하	라	.	만	약		잘	못	이	∨
있	으	면		고	치	고	,		없	으	면		더		반
있	으	면		고	치	고	,		없	으	면		더		반
있	으	면		고	치	고	,		없	으	면		더		반
있	으	면		고	치	고	,		없	으	면		더		반
성	해		보	라	.										
성	해		보	라	.										
성	해		보	라	.										
성	해		보	라	.										

 지혜가 없는 힘은 그 자체의 무게로 쓰러진다.
- 호라티우스 -

지혜가　없는　힘은　그　자체

지혜가　없는　힘은　그　자체

지혜가　없는　힘은　그　자체

지혜가　없는　힘은　그　자체

의　무게로　쓰러진다.

의　무게로　쓰러진다.

의　무게로　쓰러진다.

의　무게로　쓰러진다.

깊이 생각하라. 그리고 말하

깊이 생각하라. 그리고 말하

깊이 생각하라. 그리고 말하

깊이 생각하라. 그리고 말하

라. 그러나 사람들이 듣기 싫

라. 그러나 사람들이 듣기 싫

라. 그러나 사람들이 듣기 싫

라. 그러나 사람들이 듣기 싫

어하기 전에 중단하라.

어하기 전에 중단하라.

어하기 전에 중단하라.

어하기 전에 중단하라.

 좋은 약은 입에 쓰지만 병에 이롭고 충고하는 말은 귀에 거슬려도 행함에 이롭다.
- 사마천 -

	좋은	약은	입에	쓰지만	병
	좋은	약은	입에	쓰지만	병
	좋은	약은	입에	쓰지만	병
	좋은	약은	입에	쓰지만	병

에	이롭고	충고하는	말은	귀
에	이롭고	충고하는	말은	귀
에	이롭고	충고하는	말은	귀
에	이롭고	충고하는	말은	귀

에	거슬려도	행함에	이롭다.
에	거슬려도	행함에	이롭다.
에	거슬려도	행함에	이롭다.
에	거슬려도	행함에	이롭다.

 말은 입 안에 머무는 동안 당신의 노예다. 그러나 밖으로 내보내면 당신의 주인이 된다.
- 탈무드 -

말은 입 안에 머무는 동안 ∨
말은 입 안에 머무는 동안 ∨
말은 입 안에 머무는 동안 ∨
말은 입 안에 머무는 동안 ∨

당신의 노예다. 그러나 밖으로 ∨
당신의 노예다. 그러나 밖으로 ∨
당신의 노예다. 그러나 밖으로 ∨
당신의 노예다. 그러나 밖으로 ∨

내보내면 당신의 주인이 된다.
내보내면 당신의 주인이 된다.
내보내면 당신의 주인이 된다.
내보내면 당신의 주인이 된다.

어떠한　충고일지라도　길게

말하지　말라.

말은 날개를 가지고 있지만 ∨

말은 날개를 가지고 있지만 ∨

말은 날개를 가지고 있지만 ∨

말은 날개를 가지고 있지만 ∨

생각하는 곳으로 날아가지 않

생각하는 곳으로 날아가지 않

생각하는 곳으로 날아가지 않

생각하는 곳으로 날아가지 않

는다.

는다.

는다.

는다.

말이 쉬운 것은 결국은 그
말이 쉬운 것은 결국은 그
말이 쉬운 것은 결국은 그
말이 쉬운 것은 결국은 그

말에 대한 책임을 생각하지
말에 대한 책임을 생각하지
말에 대한 책임을 생각하지
말에 대한 책임을 생각하지

않기 때문이다.
않기 때문이다.
않기 때문이다.
않기 때문이다.

말이 많으면 허물을 면키

어려우니 그 입술을 제어하는 ∨

자는 지혜가 있다.

새장에서 도망친 새는 잡을∨

수 있으나 입에서 나간 말은∨

붙잡을 수 없다.

 말이 입힌 상처는 칼이 입힌 상처보다 깊다.
- 모르코 속담 -

| 말 | 이 | | 입 | 힌 | | 상 | 처 | 는 | | 칼 | 이 | | 입 |

말이 입힌 상처는 칼이 입

| 힌 | | 상 | 처 | 보 | 다 | | 깊 | 다 | . |

힌 상처보다 깊다.

08장

"민주, 자유"

국민의, 국민에 의한, 국민을 ∨

위한 정부는 이 지구에서 결

코 사라지지 않을 것이다.

 국민이 통제하지 않으면 어떤 정부도 계속 좋은 일을 할 수 없다.
- T. 제퍼슨 -

국민이 통제하지 않으면 어

국민이 통제하지 않으면 어

국민이 통제하지 않으면 어

국민이 통제하지 않으면 어

떤 정부도 계속 좋은 일을

떤 정부도 계속 좋은 일을

떤 정부도 계속 좋은 일을

떤 정부도 계속 좋은 일을

할 수 없다.

할 수 없다.

할 수 없다.

할 수 없다.

타인의 자유를 부인하는 자

타인의 자유를 부인하는 자

타인의 자유를 부인하는 자

타인의 자유를 부인하는 자

는 그 자신도 자유를 누릴

는 그 자신도 자유를 누릴

는 그 자신도 자유를 누릴

는 그 자신도 자유를 누릴

가치가 없다.

가치가 없다.

가치가 없다.

가치가 없다.

 국민을 비굴하게 만드는 정치가 가장 나쁜 정치이다.
- 간디 -

국민을　비굴하게　만드는　정

치가　가장　나쁜　정치이다.

진리는 반드시 따르는 자가 ∨

있고 정의는 반드시 이루는

날이 있다.

정치꾼은 다음 번 선거를

정치꾼은 다음 번 선거를

정치꾼은 다음 번 선거를

정치꾼은 다음 번 선거를

생각하고, 정치가는 다음 세대

생각하고, 정치가는 다음 세대

생각하고, 정치가는 다음 세대

생각하고, 정치가는 다음 세대

의 일을 생각한다.

의 일을 생각한다.

의 일을 생각한다.

의 일을 생각한다.

 기권은 중립이 아니다. 암묵적 동조이다.
- 단테 -

기권은 중립이 아니다. 암묵

적 동조이다.

09장

"사랑"

 참된 사랑은 서로 마주보는 것이 아니라 함께 같은 방향을 바라보는 것이다.
- 생텍쥐페리 -

참된 사랑은 서로 마주보는∨

참된 사랑은 서로 마주보는∨

참된 사랑은 서로 마주보는∨

참된 사랑은 서로 마주보는∨

것이 아니라 함께 같은 방향

것이 아니라 함께 같은 방향

것이 아니라 함께 같은 방향

것이 아니라 함께 같은 방향

을 바라보는 것이다.

을 바라보는 것이다.

을 바라보는 것이다.

을 바라보는 것이다.

겁쟁이는 사랑을 드러낼 능

력이 없다. 사랑은 용기 있는 ∨

자의 특권이다.

사랑의 비극이란 없다. 단지∨

사랑이 없는 곳에서만 비극이∨

있다.

인생에　있어　최고의　행복은 V
인생에　있어　최고의　행복은 V
인생에　있어　최고의　행복은 V
인생에　있어　최고의　행복은 V

우리가　사랑받고　있음을　확신
우리가　사랑받고　있음을　확신
우리가　사랑받고　있음을　확신
우리가　사랑받고　있음을　확신

하는　것이다.
하는　것이다.
하는　것이다.
하는　것이다.

 아픔을 느낄 만큼 사랑하면 아픔은 사라지고 더 큰 사랑만이 생겨난다.
- 마더 테레사 -

아픔을　느낄　만큼　사랑하면 ∨
아픔을　느낄　만큼　사랑하면 ∨
아픔을　느낄　만큼　사랑하면 ∨
아픔을　느낄　만큼　사랑하면 ∨

아픔은　사라지고　더　큰　사랑
아픔은　사라지고　더　큰　사랑
아픔은　사라지고　더　큰　사랑
아픔은　사라지고　더　큰　사랑

만이　생겨난다.
만이　생겨난다.
만이　생겨난다.
만이　생겨난다.

사랑은 바위처럼 가만히 있

는 것이 아니라 빵처럼 늘

새로 만들어야 한다.

 사랑이여, 너야말로 진정한 생명의 왕관이고 휴식이 없는 행복이다.
- 괴테 -

사랑이여, 너야말로　진정한

사랑이여,　너야말로　진정한

사랑이여,　너야말로　진정한

사랑이여,　너야말로　진정한

생명의　왕관이고　휴식이　없는∨

생명의　왕관이고　휴식이　없는∨

생명의　왕관이고　휴식이　없는∨

생명의　왕관이고　휴식이　없는∨

행복이다.

행복이다.

행복이다.

행복이다.

 우정이 바탕이 되지 않는 모든 사랑은 모래 위에 지은 집과 같다.
- 엘라 휠러 윌콕스 -

우정이 바탕이 되지 않는

우정이 바탕이 되지 않는

우정이 바탕이 되지 않는

우정이 바탕이 되지 않는

모든 사랑은 모래 위에 지은 ∨

모든 사랑은 모래 위에 지은 ∨

모든 사랑은 모래 위에 지은 ∨

모든 사랑은 모래 위에 지은 ∨

집과 같다.

집과 같다.

집과 같다.

집과 같다.

 사랑받고 싶으면 사랑하라. 그리고 사랑스럽게 행동하라.
- 벤저민 프랭클린 -

사랑받고 싶으면 사랑하라.
사랑받고 싶으면 사랑하라.
사랑받고 싶으면 사랑하라.
사랑받고 싶으면 사랑하라.

그리고 사랑스럽게 행동하라.
그리고 사랑스럽게 행동하라.
그리고 사랑스럽게 행동하라.
그리고 사랑스럽게 행동하라.